JN410271

호수를 연주하다

김동숙 시집

호수를 연주하다

만인사

시인의 말

영혼이 말갛게 눈뜨는 새벽,
호수에 듣는 물방울 소리 듣는다.
맨발로 안개 속을 산책하며
오래 묵혀두었던 내 시들을
묶을까 그냥 둘까 수도 없이 망설이다
이제 그만 나와 이별하기로 한다.
새로 이사온 인도고무나무
넓은 잎에 내리는 초여름 빗방울,
호수를 연주하는 오르간 소리를
다시 새겨 듣는다.

차 례

3

차 례

5

|**해설**|

1

깍도요

고향으로 갈 날이 멀지 않았다 실핏줄 항로를 따라 졸개들을 태어난 땅으로 데려다 주어야 한다 단단한 껍질 속살이 부드럽다 누구도 나의 언약 몰라야 한다 날갯짓 하나에 눈길 한번에 따르는 놈들이 천당과 지옥을 오간다 항로는 시시각각 변하리라 북극성은 일초에 수천 번 날갯짓하는 벌새인지도 몰라 난 한 마리 깍도요 깃대 잡고 콧노래 불러야지 한껏 깃털 세우고 속내 비치지 말아야지

유적지 발굴 조사 현장에서

무심한 갈대들이
돌미나리나 창포들 키우는 줄 알았더니
그 옛날 어느 공주를 잠재우고 있었던가
몇 번의 대홍수에도
그 자취 감싸느라 저리도 흔들렸나 보다

매몰된 흙더미를 파헤치고 퍼내어
차근차근 흘러간 시간을 캐내려는 이들 발치에
어쩔 수 없이 드러누워 있다
그녀는 좀처럼 모습을 드러내지 않고
숙연한 자세로 호흡 가다듬는
호미날이 떨고 있다

수 천년 암흑과 싸우며
거듭 태어나는 그날을 기다렸을 소중한
전생, 갑자기 비명이라도 지를까봐
조바심으로 불고 달래며
어둠 속 묻혀져 있던 수수께끼를 헤치고 있다

어느 부족국가의 쇠락을 지켜본
깨어진 기왓장 하나
먼저 손을 내민다
무엇을 말하려는지
바람이라도 붙잡으려 안간힘 쓰면서

고분군에서

옆집처녀 꽃분이에게 진달래 한아름 따다 주며 밤마다 꿈에 안았을 돌쇠도 주인 따라 묻혔을 테고……

어쩔 수 없어 숙명이라 받아들였지만 두 눈 부릅떴을 것이다 끝내 죽을 수 없었을 것이다

창자 애는 구슬픈 소리가 들린다 천년이지만 지금도 작은 언덕만한 봉분 흔적으로 남겨두고 주인은 제 입김으로 피워낸 억새나 갈대의 가느다란 회초리로 그 울음 채찍질하는가

오늘 따라 가을바람 소리 매정스레 들린다

당골네

흐르다 지친 용암이 몸져 누워버린 펑퍼짐한 바위에 살아남은 자의 애틋함으로 촛불은 글썽이며 스스로를 태운다 죽은 넋을 대신하는 지푸라기 인형을 앞에 두고 너무 얇아 바스락거리고 부서질 것 같은 푸른 옷과 붉은 옷 펼쳐 놓고 혼백을 불러 영혼결혼식 올린다 징치며 한 마리 나비가 되어 춤춘다

귀신들의 한이나 풀어주던 이미 철 지난 꽃의 치마폭에도 단풍잎은 떨어지고…… 시퍼렇게 눈썹 휘날리던 시절은 사라지고 이제는 매미가 벗어놓은 빛바랜 허물 신세가 됐지만 그래도 그 시절 인정이 그리운지 굿거리장단은 환청처럼 맴돌고 있다

빈 집

나비가 사라진 봉무공원 단풍나무 속으로 바람은 들어가고 추위 몰고 오던 가창오리 포물선 그리며 무슨 글자를 쓰는 것도 같다

갈대나 돌미나리 지천이던 땅이 파헤쳐지고 메워진다 흰 망초꽃 가득하던 들판에 포클레인 덤프트럭 지게차…… 굉음 내며 다닌다

몇 년인가 비워둔 집에 철마다 석류꽃은 붉고 지붕 위로 올라간 가시덤불이 허공을 향해 한 발 내디디려 한다

가창오리의 집이었던 단산지엔 검푸른 물결만 넘실대고 약간 눈도 어둡고 귀머거리인 장애오리 한쌍이 금호강과 단산지 오가며 나래짓할 뿐이다

석류꽃 떨어진 자리 튼실한 열매가 달렸건만 주인은 무얼하는지 저토록 석류나무가 애태우며 검게 쫄아버

리도록 내버려두고 있다

사모곡

흐르던 물이 말라버려 허옇게 마른 이끼들 뒤집어 쓴 하천은 바닥에 물길만한 줄 흔적으로 남긴다

공허한 바람 드나드는 늙은 어미의 빈 가슴 젊은 시절 젖가슴으로 파고 드는 새끼붕어들과 함께 유유히 물살 가르며 고뇌의 시간까지 나누었을 텐데

아귀가 달라붙듯 떨어지지 않는 땡볕을 피해 몰려오는 흐름 따라 그들을 더 아늑하고 더 포근한 곳으로 떠나 보내고

무심한 돌멩이만 구르는 갈라진 틈으로 여귀풀들만 꽃을 피워 가느다란 웃음 날려 보내고 있다

살구나무 요양원

월요일 오후 어김없이 늙음을 씻기러 간다 아직도 더운 피 실어나르는 핏줄과 떠나지 못하는 뼈가 그녀를 이승에 있게 하는 그곳을 나는 살구나무 요양원이라 부른다 그녀의 살은 누군가 다 떼어가서 잎도 열매도 없는 살구나무다 한때 분홍꽃 피던 시절 있었고 봄바람이 시샘할 때면 애면글면했으리라 종가 며느리로 안살림 두량하던 머리에 이리저리 하얀 거미줄만 애처롭다 분주했던 손은 오그라지고 거룩하기까지 했던 아랫배는 깊은 고랑져 있다 붙박이별처럼 앙상한 두 젖꼭지 음부는 불 꺼진 아궁이의 부뚜막이다 말라가는 살구나무 겨울비 닿듯 물과 뼈 사이 간격이 없다

소구레국밥을 먹다

창녕 이방장
가을볕에 몸 말리는 빨래처럼
죽은 소 때문에 떠들썩한
국밥집으로 들어갔다

뜨거운 입김 속에
소의 눈물을 보았다
도살장에서 검은 피비린내 맡았는지
잠시 어지러웠으리라
소 껍질과 선지로 끓인 벌건 국 속에
장사치나 농꾼들의 피로가 녹아있다

아낌없는 보시布施라지만
몸부림치며 사형장으로 끌려갔을
소를 생각하는 내 장도 뒤틀리고 있다

금호강

내 어릴 적 검단동과 불로동 사이 뱃사공이 노 저으며 물길 열었다

수많은 해오라기들 물길 속 제 몸 비추어 보았다 배삯 없던 시절 허둥대던 아낙네의 애달픔은 척박한 세상살이의 무게로 아직도 다가오고 있었다

헤어짐은 또 다른 만남의 씨 품고 애달픈 눈빛 주고받았을 나룻터는 노인들의 기억 속에서만 간간히 빗금긋고 있었다

삼등열차에도 꿈은 피어난다

어슴푸레한 꼭두새벽 칼바람 속에 김치독 싸듯 아낙들 부산 앞바다에서 잡은 광어나 도다리 한 통씩 이고 대구행 완행열차를 탄다

이윽고 향나무가 줄지어 거수경례하는 고모역에 도착하면 떡 장사, 딸기 파는 아지매와 학생들 꾸역꾸역 기차에 오르고

장사꾼들 팔 물건들이 치일까 봐 부릅뜬 눈으로 언성 높이고 윽박지른다 이런 저런 세상 걱정에 이야기가 무르익을 때면 입술에 침 발라가며 앉음새도 고치고

"글쎄, 우리 애가 전교 일등했잖아."

2

호수를 연주하다 1

뒤척이고 뒤척이다가
허리 세우기 벅찼어도
나 또 한번 호수의 울림 듣고 싶었다

내려놓는 손끝에서
수십 년 미사 때마다 매만지던 오르간
해져 닮은 것을 오늘에야 알았다

호수의 얼굴 더듬고 있는
내 사랑은 물안개

손가락 끝에서 처음으로 피어나는
수선화 꽃잎 열리는 소리 들었다

호수를 연주하다 2

스펙트럼 사이 사이 빼곡이 끼워 넣는다
돌덩어리 굳은살과 짓무른 눈물을
얼비치는 악보는 경건하지 않다

손가락 움직임이 악보와 맞아 떨어졌다
드디어 반주자의 대열에 낄 수 있었다
암흑의 동굴 속으로
오르간 소리 깊이 깊이 가라앉고
내가 울리는 소리가
전례의 한 모퉁이 받치게 되었다

촛불의 숫자 따라
심장에서 팔, 손등 타고 내려오는 떨림
뚜렷한 영상은 쉽사리 맺혀지지 않지만
신비한 음률의 조화로움은
점점 미사 속에 머물게 하고
신께 드리는 찬미가 하늘에 닿는다

호수를 연주하다 3

바람이라도 벨 것이라 풀 먹여 빳빳한 교복 입고 설레는 마음 다잡으며 처음 오르간 앞에 앉았다 미사가 시작되고 콩당거리는 가슴 십자가의 그분께 맡겨두고 연습한대로 전주했는데 회중들이 일제히 울리는 노랫소리 천장이라도 뚫을 듯 함성으로 두 귀에 꽂혔다 하얀 장막이 눈 앞에 하늘거리고 음표는 춤 추며 사라지고 악보는 다시 보아도 백지였다

땀범벅된 채 한 음도 짚을 수 없었다 흔들리는 촛불 사이 주례 사제의 그림자 가물거리고 귓전을 윙윙 울리는 라틴어 기도 예수님 옷자락이라도 붙잡았을까 달아났던 음표들이 돌아왔다 그래도 키는 낯설기만 하였다

호수를 연주하다 4

전주에 이어 터져나온 제창에
물기둥이 솟아 오르고
악보가 하얗게 보이더라도
눈을 씻고 마음 다잡아서
다시 반주 이어 가게해 주십시오
촛불은 일렁이지만
내 가슴은 흔들리지 않게
주여, 잡아주십시오
순간의 실수까지도
어쩔 수 없는 나의 흠집
예쁘게 받아주십시오
숨어 버리고 싶은 부끄러움
등 뒤의 비웃음에도
뜨거운 피 흐르지 않는
냉혈한이게 해 주십시오
오직 하나 전 신자가
흩어지고 산란한 마음 없이
그분과 함께 있도록 해 주십시오

장미가 불타고 있어요

놀이터에서 불장난하는 개구장이들
사방연속무늬 벽화 줄장미 태우고 있다

119죠…… 내 장미…… 오, 내 장미가…… 불 타고 있어요……타고 있어요……빨리 오세요……장미가 불타고 있어요

매일 아침 웃고 있는 얼굴
지친 영혼에게 날개 달아주던 얼굴

꽃그늘 하염없이 맴돌던
나를 도취시키는 것들

유년시절 가슴 설레게 했던
그 아이의 얼굴

흔들의자

그대가
가장 낮게 엎드려 겨울을 보냈다면
흔들의자이다

흔들림 아는 사람만이 와서 앉으라고
띄엄띄엄 봉무공원에 흔들의자 있다
요람에서 잠자는 아이처럼
내가 저 아이의 꿈속에 든다면
깊은 바다 어둠의 그림자 데리고
몸에서 빛이 나는 아귀들 사는 곳까지
흔들리며 달려갈 수 있겠지

더 내려간다면 암흑의 뿌리 끝
그곳에서 발이 닿겠다
들숨날숨도 허락되지 않음을
당신도 흔들의자에 앉아 보면 알게되리라

수천 번 바람에 흔들리다

따사로움이라는 미명의 햇살에게도 흔들리다
중심에서 오롯이 꽃대 올리는 냉이풀

알고 보면 꽃들도 흔들의자이다

순수한 어둠은 악이 아니다

어둠은 어머니의 자궁 속이다
벌거벗은 몸 맡긴 채 오로지
탯줄 하나로 꿈만 키울 수 있는 곳

목까지 꽉 채워진 단추
스스럼없이 풀게 하는 힘이 있다
오월의 하늬바람이 흥얼거리며
콧노래 부를 수 있도록

꾀죄죄하고 고리타분한 것들도
상처난 지저분한 자국들도
그 포근함 속에서 거듭 태어나
빛을 발하도록 한다

매 시간 끌어내리는 지루한 일상들이
달빛에 취해 신화, 이룰 수 있도록
꿈을 향하여 달려가도록 길을 열어준다

입춘날

어느 노숙자 아침볕 좋은 공중화장실에서 이웃에게 진 빚 마음으로 씻고 또 씻어내고 수첩에 적어둔 무료 급식소 찾아 간다 빈 배 채우고 음식 더 받아 음악공원 찾아간다 숨어다니는 도둑고양이가 갸르릉 갸르릉 소리내고 잠자 듯 숨길이 바쁜 목구멍에도 햇살을 넣고 음지식물이 된지 오래인지라 비타민, 생명의 기운도 채워야지 지도꽃이 그려진 발바닥에도 봄의 시작 알리고 누워서 먼 하늘에 처자식의 얼굴과 사립문 닫지 못하고 기다리는 꿈속에서 고향의 노모를 부르며 눈물도 흘리리라

죽비

불두화 꽃잎 같은 사미니 시절
버글거리는 말집 만큼 두고 온 연줄들
일주문에서 해우소까지 따라와 엉킨다

내리치는 죽비에 딱딱해진
어깨죽지 머지않아 자유로워지겠다

일곱 가지 마귀*의 검은 그림자가 덮칠 때
스스로에게 휘두르던 암갈색의 대나무

마음속에 남긴 빗금 곳곳에서
죽비는 당당히 절문 밖으로도 걸어 나온 걸까

기념품 가게에도 고속도로 휴게소에도
내리칠 어깨 기다리며 앉아 있다

*칠죄종 : 교만, 인색, 질투, 분노, 음욕, 탐욕, 나태

가을 사랑

따사로운 햇살은 통통 튀고
마른 바람이 불어오는 날
제 개성대로 물던 단풍잎들

단풍나무 뿌리가 바위 뚫고 들어가
한 몸으로 엉켜 있다
어디까지가 뿌리이고
바위인지 구분되지 않는다

나무는 발 하나씩 펼 때마다
긴 세월 공손히 바위에게 빌었다

얼마나 많은 눈물 쏟아 부었을까
잔금이 그어지는 아픔 견디며
나무는 이제 뿌리도 바위도 아닌
신비한 결정체가 되었다

메아리를 부른다

컹컹컹…… 어디서 개 짖는 소리 겨울의 마른 공기 가른다 그 소리는 호수의 얼음을 가르듯 공간으로 이어지다가 울림을 남긴다 금세 되돌아오는 제 소리가 큰 짐승의 소리로 들리는가 더 크게 사납게 짖는다 산그늘 길게 드리운 침묵 풀어 헤치면서 그 소리가 유년의 고향집으로 데려간다 개집에 코 박고 자다가도 감나무 앙상한 가지에 보름달이 걸리면 푸른 울음을 토하던 누렁이 배고픔에 시달리는 우리 형제를 위해 이십리 떨어진 곳에 팔았지만 두 번이나 옛집 찾아와 지친 꼬리를 흔들더니 메아리는 또 다른 추억의 메아리를 불러놓고 휘몰아치던 바람에 화답하는가 우우 거세게 사라진다

3

버려진 말들

내 생의 늦가을 바람에
이리저리 나뒹굴다 버려진 말, 말들
지키지 못한 약속들 허공을 맴돌고
무수한 헛맹세되어
발길에 차이고 부서지다
내 기억의 시궁창에서 썩어간다
차가운 비에 젖어가는 것들
떠도는 저 말의 낙엽들
끌어 모아서 한 줌 재 만들어
삭풍에 앙상히 드러난 네 발등에 뿌려주면
내년 봄엔 좀더 따뜻한 말의 싹들이
돋아나지 않을까

낙관에 찍히다

1

이삿짐 풀어헤치다 검은 비닐봉지에 꽉꽉 묶인채 구석에서 웅크리고 있는 것을 본다 보랏빛 싹이 돋은 고구마가 썩기 시작한다 누군가에게 살점 내어줄 요량으로 통통하던 것이 군데군데 검버섯 피어 있다 서서히 죽어가는 세포들 그것이 아귀가 되고 질펵하게 썩고 있다

2

한쪽 가슴 도려냈지만 무지갯빛 신혼생활하다가 사년이 고비였던가 숨죽였던 암덩이가 슬슬 살아나서 온몸에 달라붙고 밤마다 손톱 닳도록 방바닥 긁으며 피토했던 친구야

어느 가을날 말라 오그라지는 단풍잎으로 끝내 칠성

판에 누워버렸다 남겨놓은 피붙이는 없지만 지아비 가슴에 내 가슴에 붉은 별이 되어 살아있구나

오아시스

누군가의 체온이 베어있는 소나무 가지 아직도 내 손바닥에 묻어나는 갈색의 끈적임 살아있구나 어둠 속에서 어쩌다가 문틈으로 새어나오는 달빛을 껴안고 적막한 시간을 달래는 오아시스에 꽂는다 어느 싸리울 지키는 국화 대여섯 송이 함께 환하게 피어난다 차오르는 한기, 물을 품은 네가 천연덕스레 누워 있다 어떻게 하면 더 예리한 각도로 너를 찌를까 재어보며 네 심장에 꽃가지를 찌른다 꽃꽂이하는 법 따위야 잊고 살았기에 몇 번씩 뺏다 다시 꽂은 네 몸은 부스러기를 남기고 초록의 피가 낭자한 너는 돌데가에서 처녀의 심장이 태양 신전에 바쳐졌을 때 흐르는 피처럼

베로니카의 수건

대학 졸업한 아들 딸들이 이 골목 저 골목 헤매는데 어머니는 하루라도 삶의 무게 가벼워져 함박웃음 매달아 하늘 높이 연 달아 올린 그날 간절히 기다린다 피범벅된 예수의 얼굴 닦았다는 수건 머리에 쓰고 오늘도 붙잡고 늘어지는 햇살 마다않고 보험회사 나간다 훨훨 날아오르는 날개만 꿈꾸는 아직도 숭시런 애벌레들 때문에 그녀의 가슴 퍼렇게 멍울져 있다

다시 자궁 속으로

세상 일 풀리지 않는다고
짜증내던 그대
지금 기분이 가라앉았나요

그렇다면
사우나를 즐기세요
냉온탕 몇 번 오가면서
기억이 나나요

바위에 물결이 부딪치며 내는 소리가
어미 염소 젖 빠는 새끼들 소리 같다는 것을

자신을 가두는 옷
훌훌 벗어던지고 자궁 속으로 들어가
태초에 있었을 양수 속에
떠 있어 보세요

인도고무나무에게

우리 집 겨울 추위가 돌계집으로 만들었나 꽃 피지 않는 기다림에 두껍고 도톰한 푸른 잎에 입술 연지라도 발라줘 볼까 아랫도리 통통한 호박벌 불러들여 꽃잔치라도 벌여줄까

어느 날 이사 가는 친구가 버리고 간 테이블 야자수, 아나나스, 드라세나 옆에 꽃 피지 않는 인도고무나무 놓아두었더니 흰목련 같은 꽃을 피운 것이다 반란의 몸짓일까 제 꽃 피울 나이인가

꺼이꺼이 시들망정 온통 튼 살마다 푸른 힘줄 불끈 타지마할 둥글대로 둥근 타지마할 지붕 위로 귀 먹먹한 벌떼 부르고 있다

지우기와 삭제하기

"……를 지우겠습니까?"
자막이 뜬다
지워도 지워지지 않는 말의 여운
그림자는 남는다 말 믿고 싶다

호랑이가 엄마 옷 입고
분칠하고 나타나
네 어미라 할 것 같다
돌아서면 말이 남긴 긴 꼬리가 보인다

"……를 삭제하시겠습니까?"
아무런 꼬리도 보이지 않는다
갈라진 혀 날름날름거리는 살모사
절망의 뿌리에 독을 찌르고
얼른 구멍 속으로 들어가 버릴 것 같다

어린 기억 속에서
잠 청하는 호랑이 잡아 패대기친다

꼬리가 보이는 여운
거기에 내 그림자
들어가 쉴 수 있는
틈도 있지 않을까

린네는 독재자야

넌 내가 주는 대로 먹어야 해 바위에 간신히 붙어 생을 이어가는 동화사 일주문 옆 단풍잎처럼 십자매 모이 만큼 먹어야 해 언제나 깨어 있어야 해 대대로 내려오는 유전자는 필요없어 구월이면 창녀의 입술로 붉게 변해야 해 영혼도 없을 너를 찢어 발겨서 매스로 도려내고 흐흐흐 염기서열을 바꾸는 거야 보이 소프라노의 미성美聲을 위해 중세 유럽에선 거세했다지 발정난 순혈통의 개, 야합할 순 없잖아 아랫도리 거침없이 때려도 신음 못하고 갈증에 혓바닥이 갈라져도 참아야 해 오그라들거나 핏빛을 잃어버리면 불구덩이에 던져져 살려달라 호소할 수 없고 주저앉을 수도 없고 그저 꼿꼿이 서서 붉은 살점을 피워야 해 흐흐흐

호박에게

늙은 호박 한 덩이가 살구나무 가지에 매달려 있다 수형樹形을 위해 분재에 매달아 놓은 돌멩이처럼 활 모양으로 휘어진 가지 수많은 생명 잉태하고 있는 호박 혹한의 비람 속에 목숨 부지하고 대롱거린다 붉은 몸 속에서 이제는 붙박이별이 된 씨앗을 살려야 한다며 한 가닥 인연의 줄 놓지않고 쭈글쭈글 말라간다 끈질긴 모정으로 햇살 따뜻한 가을날 착한 손이 거두어 허름한 곡간에 자리잡지 않아도 주어진 운명대로 그분이 예정대로 매서운 광풍이 멍지 바람될 때를 기다리며 앙다문 입술 검버섯으로 피어난다

조율하기

긴 시간 내 손길을 기다려준
피아노 뚜껑 열어본다
후 불면 바람의 등 타고 달아날 먼지들
건반의 지시를 기다리고 있는 현,
머리에서 발끝까지 누더기 쓰고
암흑에 잡혀 있다
남루를 벗기면서 누워있는 소리나
갈라진 소리 모아 보지만
쉽게 제자리 찾아가지 못한다
늘 곁에 있어 무심한 눈길로 바라만 본
너는 어둠 속에서 그늘진 골을 파고 있었던가
겨울바람에 떠는 그 가슴 안아주지도
달빛 한자락 부여잡고 등 돌려 흐느끼는
어깨 다독이지도 못했구나
맑고 투명했던 네 마음에
푸른 녹꽃이 피도록
새벽별 기울도록 뒤척일 때까지

수반가

과육이 베어지고 졸지에 쓸모없이 버려지는 파인애플의 윗부분 아이 분만하고 홀쭉한 배낭이 된 몸 수반에 꽂고 한 바가지 물을 붓는다 제 고향 생각하며 따뜻하고 습기찬 바람도 불어준다 분리되어 더 없는 그리움 사이사이 국화로 달래고 그것도 눈이 빛나고 보랏빛 도는 흰국을 꽂는다 같이 얼어 죽더라도 좋을 연인 기다리다 앉은 그대로 동상이 되어 연인이 와서 손을 대면 그대로 바스러진다는 이야기가 적막을 깨고 나온다 흰 눈이 내려 천지를 덮고야마는 겨울에는 풍성한 목도리할래요

계약노동자

제 개성대로 물든 단풍잎 하나 둘 떨어지고 문풍지가 바르르 울릴 때면 그들 가슴에 무거운 돌 하나 점점 깊이 박힌다 핏빛 무늬가 새겨진다 여름 한 철 신이 나서 돌아다녔던 반딧불이 같은 생은 근근이 이어지기도 하지만 오너의 말 한마디에 온 가족이 민들레꽃 홀씨 되어 바람 따라 흩어지기도 한다 어쩌면 서릿발 찬이슬 벗 삼아 흘러가는 별똥별에 소원이나 빌며 긴긴 밤을 보내야하리

4

잉어의 꿈

주둥이 맞대어
흙금 터놓는
피붙이 형제 자매 확인하고
오수에 빠진다
호수의 경계 벗어나
나래 긴 철새가 되어
푸른 하늘 훨훨 나는
꿈이라도 꾸는지
눈 뜬 채 잠 자야하는
먹고 먹히는 물밑 세계에서
잠시 가쁜 숨 접어두고
골 깊이 젖은 몸
말리고 있다

청어에게

부엌 창살에 청어 매달아 놓고 끼니때마다 서슬 푸른 시엄니 같은 청솔가지 매케한 눈물로 속속들이 채운다 함박눈은 소리없이 함박함박 내려 쌓여서 세상을 덮고 서방님 소식 덮고 또 덮고 아침이면 찾아오는 따스한 빛이 밤새도록 바닷바람에 얼어붙은 상처 어루만지고 서방님 보듯 반짝이는 비옷만 만지작거리던 솜털이 보송보송한 붉은 뺨의 새색시 현해탄 건너 공부하러 간다더니 몇 해가 저물고도 어머니와 새색시가 기다리는 고향은 마다하고 신여성과 대처에 눌러앉아 버렸다는 사실 할애비 제사 때나 왔다 가며 미안하지만 신여성과는 대화가 된다나 시엄니 저 세상 사람되고 신혼에 낳은 아이가 이제 구렛나룻 거무스레하건만 여지껏 청어도 그도 돌아오지 않고 달빛과 호흡 맞춘 청어 과메기 새색시가 웃음 뒤에 주름살 숨기며 술꾼들의 입맛 돋우느라 미소 지으며 먼 파도 바라보고 있다

방어구이

아직도 비릿한 바닷바람 팽팽하게 품고 있어 부풀어 터질 듯한 몸이 생선 좌판에 누워 제 발자취 곱씹고 있다 깊은 바다의 전설이라도 케낼 듯 바위 틈 출랑대다 어느 낯선 손길에 잡혀 왔는지 억세고 날렵하게 숨줄 토막낸다 내 포로인 속살들만 가려내어 짙은 어둠 속에 가두어 버린다 후끈후끈 달궈진 철판에서 단맛이 스며 들기를 기다리며 고기의 전생 따위는 서서히 잊혀진다 윤기 흐르는 저 살 타는 냄새가 가족들의 침샘 즐겁게 해 줄 것이다 한 생명 옹골차게 살찌워 누군가의 먹이로 거듭난다 방어는 마침내 자유로워지고

연못

흔들림과 멈춤 사이
검푸른 잉어 노닐고 있다
노래하다 목이 아픈 봄 꾀꼬리
산벚꽃에서 아카시로 옮겨앉듯
분홍못 안에 너를 가둔 나는
흰구름 속으로 떠나지 못하게 한다
점차 몸집 불어나
뚜렷하게 옆선이 생긴 나는
떠나지 못하는 너를 쳐다본다
너를 기억의 저편에 가둬놓고
잊어버리기로 작정한다
어느새 그런 나는 너의 일부가 되었고
누가 가르쳐 주지 않아도
살랑살랑 지느러미 흔들줄 안다
산등성이처럼 휘어진 수초의 등을
빼금거리는 아가미로 오르는 중이다

옹이

나무는 강풍에 맞서거나
저물도록 내려 쌓이는
눈을 받치고 있다
힘이 들어간 가지마다 굳은살이 박히고
눈가 주름과 근심의 뿌리 더 깊어지면서
가지 뻗어 깨금발로 햇볕 잡으려다가
나래를 접고 웅크리다가
가슴에 점점이 멍울 생겨
파릇한 돌덩이가 되어간다

옹이만 잔뜩 짊어진 신동댁
이 공장 저 공장 철새처럼 떠돌며
살아온 힘겨운 시간들 한풀이하기 보다
돌덩어리 뿌리 파내느라
밤마다 가슴 속 헤집고 있다

모래꽃

바람이 잠든 밤
보도블럭 사이 까아만
개미떼가 피워올린 꽃무덤 본다

우두머리 작은 몸이
모래를 헤치고 꽃잎 하나 피운다
그 뒤 으스름 달무리 앞세우고
꼬물꼬물 작은 꽃송이들 피워낸다

예민한 본능이
꾸역꾸역 이미 비 냄새 맡았는가
지진이 일어나면
두꺼비들 대이동이 있다던데

개미들 무디어진 내 더듬이 비웃듯
모래꽃 송이송이 피우며 기어간다
후두둑 빗방울 떨어지기 시작한다

동그라미, 발효되다

작은 누룩 알갱이가
밀가루 반죽 부풀게 한다

달콤하고 촉촉한 수 많은 구멍들
살아 숨쉬는지 눌러보면
비명 지르며 움푹 패어 들어간다

저 미세한 방울들 고리가 되어
향기롭게 빵이 태어나듯이
사람과 사람 사이에도
끈끈하게 부풀리는 뭔가가 있으리라

여러 인연이 발효됐고
작은 나의 연결고리를 찾기 위해
내 실핏줄, 환한 달빛에 비추어 본다

독도의 이끼들은

철계단 주변으로 앙증맞은 손 잡고
어미의 발등 위에 올라
서로의 체온 나누며
빼곡이 모여 두려움에 떨고 있다

대해大海를 건너온
키 큰 너울의 소용돌이와 물귀신이
키득키득 웃으며 따라오는지
한 덩어리로 모여 있다

한 가닥 별빛에 뿌리 내리고
엎드리고 숨죽이며 살아남은 독도
제 어미 지켜야 한다고
서로 다짐한다

어느 반란

느티나무 뿌리는 인고의 세월 견디며
제 한숨으로 매듭이나 묶다가
어둠 땅속이 하 답답해 가슴 쥐어뜯으며
한판 승부를 벌이려는가

사는 동안
가끔 자신의 틀 뒤엎을 줄도 알아야 한다
긴 시간의 용틀림으로 힘을 키워
울퉁불퉁 작은 구릉 뚫고 삐져나온 흙이
숨길을 열어주고 있다

햇빛 한 줄기 들지 않는
지하 감옥, 싱그러운 바람 부는
지상이 천국인 줄 알고
죽을 힘 다해 보도블록 밀어올린다

코끼리에게

4.5톤 트럭이 몸체 앞부분을 쳐들고 있다 기름에 찌던 베아링이며 피스톤 기계뭉치임을 말한다 앞발 쳐들고 울부짖는 코끼리 닮았다 사바나 푸른 초원 떠나 동물원에 갇힌 외로움, 동물쇼에 나오기까지 조련당했을 슬픔이 묻어 있다

5

꿈

1

봄날 버드나무 아래 버들치가
꽉 찬 알주머니로 무거운 몸 번쩍 뒤집는다
젖은 지느러미 말리며
먼 길 다녀온 바람 냄새 맡는다
이제나 저제나 부레 사이 샛노란 알들
풀어놓을 때 가늠한다

2

물 속에서도
송글송글 땀이 맺히는 수영선수
코치의 휘리릭 호루라기 소리에
핏발진 눈동자 더욱 붉어진다
시상대 뒤 태극기 자락에
눈물 번질 날 기다린다

봄날에

바람 없는 맑은 호수
드리운 산 그림자
가물치가 등산한다
온몸의 열기 모아 진한 몸부림으로
문이 열리기를
넓고 편한 품이 안아주기를
거꾸로 서서
한 겨울 얼어붙어 허기진 나무껍질에
주머니 가득 불룩해진 몸으로
아무도 몰래 겪는 산고
푸드득 꼬리 비틀며 우는 소리
갈대숲 사이 휘청거리며 알 쏟아낸다
걸음이 멈춰지고
주먹에 힘이 들어간다

몸 뜨거운 날

춘란이 물이 올랐는가 신화 속 아마존 강가 여인국 전사처럼 태양을 향해 가랑이 벌려 소중한 씨 하나 보듬는다 은은한 노란 나비의 날개 아래 혓바닥 살며시 내민 용골찬 꽃대 하나, 봄소식 알리는 시 한 편 쓰기 위한 몸부림이다

빗방울

1

연못가 벚나무 가지 끝에서
연잎에 또르르 떨어지는 빗방울

반짝이는 저 무지개 빗방울들
진흙탕에서 살 깎으며
세월 앞에 썩어야만
연꽃 한 송이 피워낸다

2

아무도 받아주지 않는
포도 위에 떨어지는 게 서러운지고
작은 것이 철퍼덕 둔탁한 소리낸다

어떤 것은 나그네의 옷깃 들추며
추파도 보내고 질퍽하게 적셔도 보지만

서늘한 몸짓뿐
차들이 사정없이 깔아 뭉개고 간다

그 길에서도 그들은
끼리끼리 손 잡으려 안간힘 쓴다
무자리*가 되어
강으로 흘러가기 위해

*무자리: 삼국시대 유랑족

첫날밤

그가 젓대 불어 새들 불러모을 때 나는 시조창의 박자꾸 놓쳤다 차라리 쌍골죽*으로 거듭나 이 세상 단 하나의 명기 대금이 되고 싶었다

그가 어루만지고 입김 불어넣어 대나무가 젖어 울면서 중모리, 중중모리, 휘모리로 밀고 오를 때 내 가슴은 촉촉이 젖어 떨리는 갈대 청공靑空이고 싶었다

그가 부는 산조 가락대로 뜨거워 흐느끼며 꽁꽁 엉켜있던 또아리, 스르르 미련없이 풀리는 꽃뱀이고 싶었다

* 쌍골죽: 대금의 재료인 대나무

태엽을 감다

대숲에 이는 바람소리
깊은 산사에서 책과 씨름한다던
이를 찾아가는 길

법전은 내팽개져 빛이 바래고
어느 단풍잎 사이 헤매다 지쳤는
방 가득한 먼지들
대숲 바람이 우우 야유를 보낸다

작은 호수의 물고기들도
그 소리 듣고 싶어
원을 그리며 뛰어 오른다

이제 착한 여자 그만 하라고

승천

가느다란 몸 번쩍 뒤집어
땀으로 젖은 지느러미 말리며
바람의 냄새 맡는다

근근히 이어온 생명, 알 낳는
버들치의 낮은 떨림이
물이랑 일으키고 있다

버들 새싹이 피어나
짙은 그림자 드리울 때
알들도 자라서 맑은 냇물 노래하길 바라면서
그 버들치 따라 내 옹알이들도
훨훨 날아오를 수 있기를 바라는지
내 마음도 같이 물이랑 일으키고 있다

물이랑 일으키고 있다

봄날은 간다

소나무 속껍질로 죽 끓여먹던
그 시절 딸 셋 아들 셋 육남매
알토란처럼 키운 어머니

초여름 비바람이 마음을 흔드는지
새삼 당신의 셋째 여동생 찾는다
전화를 들다말고
아! 참 죽었지

후유~
세상이 이렇게 텅 비어 있었구나
빈 줄도 모르고 살았구나

지리산

열여드레
흐끄므레한 달
댓바람에 쫓기고 있었다

파르티잔 숨겨주었던
컴컴한 바위는
아무 일 없었다는 듯

층층세월
나뭇잎 끌어다
덮고 있었다

달궁에서

실향민이 명절날 지리산 달궁으로 향한다 대문도 없는 집에 돌 넣고 얼기설기 흙 바른지 오래되어 짐승의 소리 들릴 듯하다 어둠 속에서 풀벌레마저 축제에 끼지 못하는 우리를 비웃고 있다 서서히 암흑이 걷히고 온누리에 비쳐오는 달의 빛살들 제 집으로 들어오는 가장인듯 툭툭 먼지 털며 삐거덕 사립문 여는 소리도 없이 달이 들어왔다 에헴 하며 대청마루에 앉아 죽음을 무릅쓰고 피난 오더니 이제는 일가를 이뤘구나

| 해설 |

생의 유적지에서 캐낸 시

정 숙(시인)

슬프지 않는 생이 어디 있겠는가. 존재 자체가 통점(痛點)인 것을, 사랑하기에 또한 슬프고 아픈 것이다. 인간이란 불완전하기에 흔들리는 자신을 견딜 수 없지만 견뎌내어야 하는 것이다. 그래서 시인은 시에게 자신의 나약함을 고백하고 토로한다.

시인은 새로운 길을 찾아 여행을 떠나는 모험가라고 했던가? 시인에게 첫 시집은 첫사랑의 설렘처럼 두려움과 떨림이 주조를 이루는 경우가 태반이다. 김동숙 시인은 2007년 《시문학》으로 등단한지 16년 만에 『호수를 연주하다』를 펴내어 세상에 첫 선을 보인다.

필자는 김동숙 시인을 이십 수년 전부터 알고 지내온 터라 시인의 내면적 갈등을 나름대로 알고 있었다. 김 시인은 자의식이 강해서 마음의 문을 닫고 있는 게 안타깝고 소식이 늘 궁금했는데 드디어 시집을 내겠다고, 자신의 내면을 공개하겠다고 결심을 해서 필자에게는 실로 반가운 일이 아닐 수 없다.

칼 구스타프 융을 들추지 않더라도 인간은 여러 개의 가면, 즉 페르소나를 가지고 있다는 사실에 젊은 날 자신의 이중성에 고민하지 않은 사람이 없을 것이다. 특히 대구문학아카데미 시절부터 알고 지낸 김동숙 시인 내면의 갈등은 필자의 젊은 날처럼 어떤 트라우마나 자의식이 너무 강했었는데 이제 마음의 문을 열고 『호수를 연주하다』의 첫 장을 열면 시인의 깍도요와 마주친다.

> 고향으로 갈 날이 멀지 않았다 실핏줄 항로를 따라 졸개들을 태어난 땅으로 데려다 주어야 한다 단단한 껍질 속살이 부드럽다 누구도 나의 언약 몰라야 한다 날갯짓 하나에 눈길 한번에 따르는 놈들이 천당과 지옥을 오간다 항로는 시시각각 변하리라 북극성은 일 초에 수천 번 날갯짓하는 벌새인지도 몰라 난 한 마리 깍도요 깃대 잡고 콧노래 불러야지 한껏 깃털 세우고 속내 비치지 말아야지
>
> —「깍도요」 전문

울림이 좋은 징을 재작하듯 자신의 풋울음을 잡기 위해 단 한 편이라도 독자의 심금을 울리는 재울음이 될 명시 한 편을 태어나게 하려고 긴 시간 자신을 누르던 그 무언가와 사유의 늪에서 헤어나려 몸부림 친 흔적을 산뜻한 상

상력으로 이미지화시키고 있어 일단 안심하고 작품을 읽을 수 있었다.

자신의 나약함을 들키기 싫은, 그래서 늘 긴장을 놓지 않던 항상 가까이 할 수 없는 시인의 벽을 〈난 한 마리 깍도요 깃대 잡고 콧노래 불러야지 한껏 깃털 세우고 속내 비치지 말아야지〉라고 다짐하는 모습에서 세상에 쉽게 마음을 허락하지 않은 시인의 냉정한 마음을 읽을 수 있다.

김 시인의 대표작의 하나인 「유적지 발굴 조사 현장에서」 〈수천 년 암흑과 싸우며/거듭 태어나는 그날을 기다렸을 소중한/전생, 갑자기 비명이라도 지를까봐/조바심으로 불고 달래며/어둠 속 묻혀 있던 수수께끼를 헤치고 있다〉고 토로한다. 김 시인은 이렇듯 자신에게 주어진 생을 견디면서 유적지에서 발굴 조사하듯 언어를 캐내어 시 속에 차곡차곡 쟁여두는 그런 마음들을 연작시인 「호수를 연주하다 3」, 「호수를 연주하다 4」에서도 알 수 있어 탁, 손뼉을 쳐본다.

> 땀 범벅된 채 한 음도 짚을 수 없었다 흔들리는 촛불 사이 주례 사제의 그림자 가물거리고 귓전을 윙윙 울리는 라틴어 기도 예수님 옷자락이라도 붙잡았을까 달아났던 음표들이 돌아왔다 그래도 키는 낯설기만 하였다
>
> —「호수를 연주하다 3」 중에서

주여, 잡아 주십시오
순간의 실수까지도
어쩔 수 없는 나의 흠집
예쁘게 받아주십시오
숨어 버리고 싶은 부끄러움
등 뒤의 비웃음에도
뜨거운 피 흐르지 않는
냉혈한이게 해 주십시오
오직 하나 전 신자가
흩어지고 산란한 마음 없이
그분과 함께 있도록 해 주십시오
—「호수를 연주하다 4」 중에서

「호수를 연주하다」 연작 시편은 오르간 연주를 통해서 신에게 다가 가고자하는 간절한 기도를 담고 있다. 또한 신앙심과 순수 그 사이에 있는 자신의 페르소나에 갈등하고 방황하는 자책과 죄의식에서 사로잡히다가, 시라는 존재에 멀미하면서도 버릴 수 없는 모순 속에서 헤매게 되는 것이다. 그 혼돈 와중에 시인은 시안이 밝아지고 사유도 깊어지는 것이다.

시집 속엔 대체로 그 시인의 바다와 파도가 들어있다. 그래서 시집을 해설한다는 것은 그 시인의 꽃밭을 엿보는 일이기도 하다. 시인의 고독, 삶의 냉정한 현실을 극복하느라 돌탑 쌓듯 피운 꽃들이 모여 있다. 그 꽃들이 탐스럽게 아니면 다 피지도 못한 채 꺾여버린 그 표정엔 늘 고독과 슬픔이 묻어있지만 김동숙 시인은 결코 징징 우는 소리로 동정심을 구걸하지 않는다.

> 종가 며느리로 안살림 두량하던 머리에 이리저리 하얀 거미줄만 애처롭다 분주했던 손은 오그라지고 거룩하기까지 했던 아랫배는 깊은 고랑져 있다 붙박이별처럼 앙상한 두 젖꼭지 음부는 불 꺼진 아궁이의 부뚜막이다 말라가는 살구나무 겨울비 닿듯 물과 뼈 사이 간격이 없다
>
> —「살구나무 요양원」 중에서

햇세의 데미안처럼 자신의 알을 깨고 다시 태어나기위한 그런 사치스런 여유도 없이 한 생을 새빠지게 살았을 뿐인데 인간의 마지막 모습은 너무나 처참하다. 생의 태엽은 아무도 마음대로 감거나 멈출 수 없고 이 길을 아무도 피해 갈 수 없기에 그냥 방관자가 될 수밖에 없는 시인의 안타까움을 그냥 그림으로 보여주고 있는 것이다. 안타깝다, 슬프다 한 마디 없이 그래서 화자의 아픔이 더 처참하게 느껴지는 것이다. 이것은 시인이 정서의 시적 처리 방법을 알고 있다는 것이고 시 쓰는 방법이 어느 정도 잘 습득되었다는 사실을 보여주는 것이다.

그대가
가장 낮게 엎드려 겨울을 보냈다면
흔들의자이다

흔들림 아는 사람만이 와서 앉으라고
띄엄띄엄 봉무공원에 흔들의자 있다
요람에서 잠자는 아이처럼
내가 저 아이의 꿈속에 든다면
깊은 바다 어둠의 그림자 데리고
몸에서 빛이 나는 아귀들 사는 곳까지
흔들리며 달려갈 수 있겠지

더 내려간다면 암흑의 뿌리 끝
그곳에서 발이 닿겠다
들숨날숨도 허락되지 않음을
당신도 흔들의자에 앉아 보면 알게 되리라
—「흔들의자」 중에서

시는 발견, 또는 깨달음이다. 시인은 남들이 보지 못하고 듣지 못하는 것을 보고 느끼는 사람, 그렇게 되려면 직관력과 관찰력, 사유와 상상력으로 모든 사물의 근본을 찾거나 자신을 까발리고 욕보이고 조롱하다가 끝내 풀리지 않는 수수께끼에 고민한다.

시인이 살고 있는 불로동을 지나 단산지 봉무공원에 무

심하게 놓여있는 흔들의자에 앉아서 시인은 흔들리는 생의 모습에서 직면한다. 시인은 〈수천 번 바람에 흔들리다/따사로움이라는 미명의 햇살에게도 흔들리다/중심에서 오롯이 꽃대 올리는 냉이풀〉에 시선이 멎는다. 그리하여 〈알고 보면 꽃들도 흔들의자〉임을 깨닫는다.

어둠은 어머니의 자궁 속이다
벌거벗은 몸 맡긴 채 오로지
탯줄 하나로 꿈만 키울 수 있는 곳

목까지 꽉 채워진 단추
스스럼없이 풀게 하는 힘이 있다
오월의 하늬바람이 흥얼거리며
콧노래 부를 수 있도록
—「순수한 어둠은 악이 아니다」 중에서

이삿짐 풀어헤치다 검은 비닐봉지에 꼭꼭 묶인채 구석에서 웅크리고 있는 것을 본다 보랏빛 싹이 돋은 고구마가 썩기 시작한다 누군가에게 살점 내어줄 요량으로 통통하던 것이 군데군데 검버섯 피어 있다 서서히 죽어가는 세포들 그것이 아귀가 되고 질퍽하게 썩고 있다
—「낙관에 찍히다」 중에서

어떻게 하면 더 예리한 각도로 너를 찌를까 재어보며

네 심장에 꽃가지를 찌른다 꽃꽂이하는 법 따위야 잊고 살았기에 몇 번씩 뺐다 다시 꽂은 네 몸은 부스러기를 남기고 초록의 피가 낭자한 너는 돌데가에서 처녀의 심장이 태양 신전에 바쳐졌을 때 흐르는 피처럼

—「오아시스」 중에서

이제 시인은 사유와 직관력이 강해지면서 자신도 모르게 자신감이 많이 생긴 것 같다. 드디어 시인은 당당하게 모든 사물과의 외간을 사랑할 줄 알게 된 걸까? 점점 더 적극적으로 사유의 날개를 펼치고 묘사력을 발휘하고 있는 듯하다. 어느 소설가는 자기가 돼지처럼 느껴질 때 시를 읽는다고 했지만 시인들은 보통 돼지가 되기 싫어 시를 쓰는 건 아닐까? 늘 미적지근한 자신의 안을 더듬어 보며 어디를, 무엇을 찔러야 하는지 샅샅이 뒤적이며 더듬고 있는 듯하다.

넌 내가 주는 대로 먹어야 해 바위에 간신히 붙어 생을 이어가는 동화사 일주문 옆 단풍잎처럼 십자매 모이만큼 먹어야 해 언제나 깨어있어야 해 대대로 내려오는 유전자는 필요 없어 구월이면 창녀의 입술로 붉게 변해야 해 영혼도 없을 너를 찢어 발겨서 매스로 도려내고 호호호 염기서열을 바꾸는 거야 보이 소프라노의 미성美聲을 위해 중세 유럽에선 거세했다지 발정 난 순혈통의

개, 야합할 순 없잖아 아랫도리 거침없이 때려도 신음 못 하고 갈증에 혓바닥이 갈라져도 참아야 해 오그라들거나 핏빛을 잃어버리면 불구덩이에 던져 져 살려 달라 호소할 수 없고 주저앉을 수도 없고 그저 꼿꼿이 서서 붉은 살점을 피워야 해 흐흐흐

—「린네는 독재자야」 전문

김 시인은 〈어느 부족국가의 쇠락을 지켜본/깨어진 기왓장 하나/먼저 손을 내민다/무엇을 말하려는지/바람이라도 붙잡으려 안간힘〉 '유적지 발굴 조사'하듯 생의 현장에서 캐낸 김 시인의 개성적인 목소리는 이채롭다.

자신이 피운 꽃들 속에서도 늘 가슴 아파하는 사람, 김동숙 시인은 다시 태어나는 기분으로 자신의 시가 더 풋풋해질 수 있도록 모든 사물과 서로의 비밀스런 정을 글로써 나누며 얘기를 주고 받는다. 이러한 자신을 믿고 더 화끈하게 사물과 가까워질 수 있기를, 그리하여 새로운 시의 날개로 훨훨 날아오를 수 있기를 기대한다.

호수를 연주하다

초판 인쇄 2023년 7월 20일
초판 발행 2023년 7월 25일

지은이 / 김 동 숙
펴낸이 / 박 진 환

펴낸 곳 / 만인사
출판등록 / 1996년 4월 20일 제03-01-306호
주소 / 41960 대구광역시 중구 명륜로 116
전화 / (053)422-0550
팩스 / (053)426-9543
전자우편 / maninsa@hanmail.net
홈페이지 / www.maninsa.co.kr

ISBN 978-89-6349-181-3 03810

값 12,000원